ALLOCUTIONS

PRONONCÉES

à un Banquet d'anciens Magistrats

A LYON, LE 5 MARS 1894

LYON

IMPRIMERIE EMMANUEL VITTE

Rue Condé, 3o

1894

ALLOCUTIONS

PRONONCÉES A UN

BANQUET D'ANCIENS MAGISTRATS

ALLOCUTIONS

PRONONCÉES

à un Banquet d'anciens Magistrats

A LYON, LE 5 MARS 1894

LYON

IMPRIMERIE EMMANUEL VITTE

Rue Condé, 3o

—

1894

ALLOCUTION

PRONONCÉE PAR M. CHOPPIN D'ARNOUVILLE

ANCIEN AVOCAT GÉNÉRAL A LA COUR DE PARIS

ANCIEN SECRÉTAIRE GÉNÉRAL DU MINISTÈRE DE LA JUSTICE

Mes chers Collègues,

Je viens à vous pénétré de reconnaissance. Votre cordial appel est pour moi le témoignage que je ne suis pas ici un étranger et que le souvenir de mon séjour à Lyon n'est pas encore tout-à-fait oublié. J'en remercie votre bienveillante mémoire... Et cependant, mes chers collègues, il n'y a pas moins de vingt-six ans, aujourd'hui même, — *grande œvi spatium*, — que je venais prendre rang dans cette magistrature lyonnaise, si méritante et si digne ! J'ai eu le bonheur d'y compter des amis qui m'ont affectueusement soutenu. Pourquoi faut-il qu'en songeant à ceux qui, tombés comme nous de leurs sièges, ont depuis à jamais disparu, une pensée de deuil altère ma joie de revenir à vous?...

Eux aussi étaient fidèles aux souvenirs qui nous réunissent, aux espérances que nous n'avons pas perdues... Ces souvenirs, c'est la meilleure part de notre vie passée, ce sont nos anciens travaux, notre commun dévouement au bien et à la justice, nos semblables convictions sur les devoirs et la dignité du magistrat, sur l'indépendance de sa conscience et de sa parole. Et laissez-moi vous rappeler combien ces sentiments étaient alors cimentés, d'abord par une sorte de parenté d'éducation, puis par la solidarité de notre esprit de corps. Notre attachement à des fonctions où l'on ne trouvait pas la fortune, c'était notre plus grand honneur ; c'était aussi la cause de la confiante estime dont notre ancienne magistrature était entourée. Soyons fiers, mes chers collègues, de ces souvenirs ; l'honneur du moins nous est resté, et il n'est au pouvoir de personne de nous le ravir.

La politique, dit-on, nous a fait descendre de

nos sièges ; je ne sais si cette politique était doublée de quelques désirs de pénétrer aussi dans le temple ; mais ce que je puis attester, c'est qu'elle s'est étrangement méprise sur nos sentiments de patriotisme et de dévouement au bien public. Il semble qu'aujourd'hui on surprenne déjà bien des désillusions, et que nous assistions à un commencement de discrédit de la politique et des politiciens. Est-ce l'indice d'un retour vers une appréciation plus juste des services que rendaient nos vieilles institutions, ou bien n'est-ce qu'un mirage..., ou, peut-être, l'influence envahissante de ces mœurs américaines, qui veulent des affaires et pas de politique ?... Je ne le sais ; mais quand de tels problèmes, et tant d'autres se posent, il y a pour nous tous un devoir ; c'est celui de conserver et de transmettre nos traditions.

Le poète rapporte que, dans certaines cérémonies religieuses de la Grèce, des coureurs se transmettaient les uns aux autres un flambeau allumé. C'est la tradition sous une symbolique figure, où la course est la fuite rapide du temps, où les coureurs et le flambeau représentent les générations qui se succèdent et se livrent en passant la lumière intellectuelle. Ce flambeau, mes chers collègues, nous ne devons pas le laisser tomber ; cette tradition, nous devons en être les jaloux dépositaires, j'allais dire, les apôtres persévérants, afin qu'après nous, et plus heureux que nous, peut-être, nos neveux ou nos successeurs la puissent continuer.

Car, si nous gémissons au spectacle de cette folie de renversement universel, avec l'anarchie au bout, il faut penser que, dans la vie d'un grand peuple, ce n'est jamais qu'une crise passagère, et il faut croire en cette parole de Bossuet, que les gouvernements de la terre finissent toujours par appartenir aux plus dignes.

Voilà pourquoi, dans ce laborieux combat de la vie, où nous n'apportons ni d'étroites rancunes indignes de nous, ni d'ambitions déçues, nous devons bannir tout découragement, et pourquoi nous devons sans cesse rappeler par nos écrits, par nos paroles, par nos enseignements, que le culte de la justice et de la loi ne se sépare pas de nos vieilles règles fondamentales.

C'est en vous inspirant de ces sentiments que

vous avez fondé votre société, et lorsque d'autres, formées dans le même but, se sont peu à peu dispersées, la vôtre poursuit sa tâche et reste debout. Honneur donc à vous, mes chers collègues, honneur aux Lyonnais, et permettez-moi de lever mon verre à votre durable union et au succès de votre œuvre.

RÉPONSE DE M. HENRI BEAUNE

ANCIEN PROCUREUR GÉNÉRAL A LA COUR DE LYON

Je voulais, au nom de vos anciens collègues lyonnais, vous remercier de votre présence dans cette réunion, de votre sympathique cordialité et des paroles si émues, si élevées, que nous venons d'entendre. Elles nous sont une nouvelle preuve de la constance de votre affection. Elles nous ont montré que s'il est des spoliations, des iniquités qui ne se prescrivent jamais, chez un magistrat des anciennes couches, chez un galant homme, il n'y a ni vieillesse, ni prescription pour le cœur. Mais en évoquant vos chers souvenirs professionnels de Lyon, vous m'avez presque d'avance fermé la bouche, car, il y a 26 ans, j'étais un étranger pour cette noble ville, je n'avais pas encore l'honneur de lui appartenir, et peut-être votre modestie a-t-elle recouru à cet artifice pour arrêter sur mes lèvres l'expression sincère des sentiments que j'éprouve pour vous. Bien qu'on

ne plaide point par procureur en France, souffrez
donc, mon cher collègue, que je délègue à un de
ceux qui, plus heureux que moi, ont vu à l'œuvre
le brillant avocat général d'autrefois, le plaisir de
rappeler ce que vous fûtes ici et ailleurs jusqu'au
jour où, passant d'un côté de la barre à l'autre,
vous avez vaillamment repris cette robe du des-
sous que n'abandonne jamais le vrai magistrat
et qu'une politique haineuse n'est pas encore heu-
reusement parvenue à déchirer. Fin connaisseur
des délicatesses de l'esprit, vous ne pourrez ainsi me
reprocher mon silence, car aucun de nous n'y
perdra, au contraire. Je prie M. Boubée de por-
ter la santé de M. Choppin d'Arnouville.

ALLOCUTION DE M. BOUBÉE

A cette invitation, M. Boubée, ancien substitut du Procureur général à la Cour de Lyon, répond en ces termes :

MESSIEURS ET CHERS COLLÈGUES,

Bien que nous soyons tous habitués aux surprises, surtout lorsqu'elles sont désagréables, vous devez éprouver un certain étonnement à me voir prendre la parole pour répondre à M. d'Arnouville.

Je vais d'un mot vous expliquer ce mystère. C'est le Midi qui se lève, représenté par un ancien attaché au parquet de Montpellier, par un ancien substitut de 6e classe, n'ayant pas oublié le temps où il suivait non pas certes d'un œil envieux, mais avec une respectueuse admiration, le magistrat éminent, le brillant gentleman qui, sous le nom de l'avocat général Choppin d'Arnouville, était en train d'acquérir à la ville, comme à la cour de Montpellier, une réputation dont le souvenir est resté ineffaçable.

J'ai, Messieurs, pour parler de M. d'Arnouville, le droit d'ancienneté. Je l'ai connu avant vous, et j'ose dire même, devant des magistrats lyonnais, que je l'ai peut-être connu dans la plus belle période de sa vie judiciaire. A cette époque, ce qu'on devait appeler les points noirs n'avaient pas encore été signalés, on n'avait pas encore commencé à remettre la pyramide sur sa pointe, et pour emprunter une citation à un opéra de l'ancien répertoire, les généraux faisaient la guerre et les cardinaux les processions. Le drapeau chéri était alors tenu par des mains souveraines qui pressaient les vôtres, M. d'Arnouville, non seulement avec affection, mais avec la reconnaissance que votre nom inspirait.

Il m'a semblé que ces souvenirs devaient vous être particulièrement chers, c'est pour cela que j'ai particulièrement tenu à vous les rappeler.

Assurément, le succès ne vous a pas abandonné quand vous avez quitté Montpellier. Il vous a suivi dans ce grand ressort de Lyon, où vous avez été accueilli avec le respect et la sympathie dont vous étiez digne à tant de titres. Il vous a encore suivi dans une autre phase de votre carrière, alors qu'il ne vous a plus été donné de vivre au sein d'une magistrature aimée. Vous êtes de ceux qui forcent le succès, et il ne saurait vous délaisser.

Mais ce que vous ne pouvez forcer, c'est la confiance que vous inspiraient, à une certaine époque, les hommes et les choses de votre temps, confiance qu'une cruelle expérience fait disparaître.

Il est doux parfois de se rappeler certaines illusions.

Permettez-moi donc de vous faire revivre et de revivre avec vous le temps passé dans le Midi, ce pays du mirage.

Le passé est une part de l'existence humaine, et il a sur toutes les autres parts cette supériorité que rien au monde ne peut le modifier.

C'est certainement pour moi un grand honneur que de vous saluer au nom de l'ancienne magistrature du ressort de Lyon, mais j'éprouve une émotion encore plus vive en remontant le temps écoulé, et en saluant l'avocat général dont les témoignages de bienveillance pour son modeste subordonné me sont restés comme un des meilleurs souvenirs de ma jeunesse.

Si j'avais à intituler mon toast, je ne l'intitulerais pas souvenirs et regrets. Le mot souvenirs suffirait.

J'espère, Monsieur, que je suis de la même école que vous, et que j'exprime votre pensée comme la mienne, en citant ce vers du poète :

Forsan et hæc olim meminisse juvabit.

Cédant aux sollicitations de ses collègues,
un ancien magistrat de la Cour de Lyon, lit
les vers suivants :

     Eh quoi ! je vous lirais des vers
     Rimés à tort et à travers !
Quelle folie ! Et pourtant je commence.
Je voudrais, par raison de convenance,
En vous contant certaine vision
Que j'eus en une étrange occasion,
Vous transporter dedans le Paradis,
Comme tout bon magistrat le mérite,
Quand l'existence à grand regret il quitte.
Mais aux Enfers en songe je vous vis,
     Non dans ce four où grille le damné,
Mais dans ce bel enfer, tout d'agréments orné,
En ces paisibles lieux, en ces Champs-Elysées
     Où, sous de pâles arbres verts,
     Le murmure de doux concerts
     Charme les âmes trépassées.
     Vous erriez en ces champs heureux,
     Tout baignés dans une lumière
     A nos mortels yeux étrangère,
Conversant avec les magistrats glorieux,
     De nos ayeux illustre race,
Dont le flambeau s'éteint et la vertu s'efface.
Soudain, Caron débarque un court et gros humain :
Et l'ombre de sa main tient l'ombre d'un calpin ;

Dans l'ombre d'une toge
Il marche comme un doge.
Ah bonjour, « Parisien ! » dirent tout d'une voix
Les anciens magistrats ; où vas-tu, fin matois ?
As-tu perdu ton Eurydice ?
Ou, pour rire, viens-tu voir *Orphée aux Enfers ?*
« Trêve aux rires, Messieurs ! Ah ! je suis au supplice,
« Et j'ai terriblement aujourd'hui sur les nerfs.
« Des plaideurs mécontents la meute
« Au Palais a fait une émeute ;
« C'est un immense branle-bas.
« Du fauteuil on m'a jeté bas ;
« Un grand coup de pied dans l'échine
« M'a porté jusqu'ici, par vengeance divine.
« A Panama, l'on crie : holà !
« C'est la *Débâcle* de Zola :
« Des magistrats la longue file
» Conspuée, avec honte en tous les sens défile.
« Lyon s'agite et sur le Rhône
« L'écho roule ce cri : Beaune ! nous voulons Beaune !
« C'est Rive qu'il nous faut, hurle-t-on dans le Nord,
« Rive à la bouche d'or ;
« En Dauphiné, partout on acclame Prandière,
« Avec sa tête altière.
« Un long monôme est en chemin
« Pour conduire à la Cour, en triomphe, Chopin.
« La Cour de Cassation
« De Cantel s'est entichée,
« Et sa Majesté fourrée
« Est en ébullition.

« C'est vraiment une tempête.
« Mais pendant que l'on vous fête,
« Horreur ! en descendant, j'ai vu dans la nuit noire
« Le président Cartier suspendu, ballotté
« Dans une vaste balançoire,
« Pour une longue éternité.
« Portant collé sur sa peau le nouveau tarif,
« Un avoué meurtri poussait un cri plaintif.
« Parmi les fleurs d'un « beau repaire, »
« Un magistrat était mordu d'une vipère.
« Qué n'est-il resté romancier ?
« Il eût même amusé l'général Boulanger.
« Ainsi, pauvre monde, tu vas.
« Suffit d'un petit tour de roue,
« Du faîte on tombe et l'on échoue.
« Vous étiez tous des parias :
« On chante *Gloria victis*,
« On dit pour nous *De profundis !*
Il s'affaisse et se tait. Et nous : « Ne t'en déplaise,
« O gros bonhomme, on est ici fort à son aise.
« Au roi Pluton nous faisons notre cour,
« Attendant d'un autre le tour.
« Nous prenons quelquefois, en bonne compagnie,
« Un repas qu'agrémente aimable causerie,
« Charmante intimité, souvenirs évoqués,
« Et propos aussi de douce philosophie
« Qui nous révèle, au travers de la vie,
« L'inconstance des temps, espoir des révoqués.
« Attendons, patientes ombres,
« Qu'aient lui pour nous des jours moins sombres ;

« Nous monterons sur terre,
« Nous — ou bien nos enfants
« Plus que nous confiants,
« Quand bien des choses et des gens seront par terre,
« Quand nous pourrons aller, par la grâce de Dieu,
« Correctement dire à la République : Adieu !

Lyon. — Imprimerie Emmanuel VITTE, rue Condé, 3o.

114